# Manifestação Visual

*Como eu manifestei a vida dos meus sonhos.*
*Você também pode!*

Peter Adams

# DEDICATÓRIA

*Este livro é dedicado a minha amada esposa, Robin. Sinto-me abençoado e agradecido por tê-la em minha vida.*

# CONTEÚDO

# INTRODUÇÃO

Agradeço a você por estar lendo este livro. Já li centenas de bons trabalhos, do mais antigo ao moderno, e muitos estão transmitindo esta mesma mensagem apenas de maneira diferente. Todos têm o um estilo próprio e, farei isso do meu jeito.

O meu objetivo é dar-lhe uma visão geral e simplificada de como acredito que o Universo funciona e, a partir daí, ajudá-lo a definir a vida dos seus sonhos. Por último, descreverei as técnicas que utilizei e através das quais tive resultados maravilhosos na minha vida. Tenho usado estas técnicas para trabalhar com o Universo e sinto como se a minha vida fosse mágica e verdadeiramente abençoada. Todos estão em um ponto diferente de suas vidas e se você está lendo este livro, meu palpite é que esteja buscando por algo ou por algum tipo de mudança na sua vida. Depois de ler, fazer os exercícios e usar as técnicas que recomendo terá o que precisa para ser, fazer ou ter qualquer coisa que queira na vida. Você deve acreditar, sem sombra de dúvidas, que isto é possivel. Para dar um passo adiante, precisa crer que o que deseja já existe e está a caminho.

Os conceitos que escrevi neste livro são universais e verdadeiros para todos. Não estou aqui para mudar a crença de ninguém, desafiar alguma religião ou debater sobre a criação do Universo. Quando me refiro ao "Universo" talvez você se refira como Deus, Buda, Fonte de Energia ou Força Universal da Vida não importa. Independente do nome que chame ainda assim será verdade.

Então, está pronto para começar a criar a vida de seus sonhos??!!

# CAPÍTULO 1

# DOZE GRANDES OBJETIVOS

## *Hora de mudar...*

Eu, como muitos outros, busquei os livros de auto-ajuda por estar infeliz com as circunstâncias da minha vida. Havia sofrido uma redução salarial como resultado de uma fusão da minha empresa e não me sentia apto a buscar um trabalho que pagasse próximo do que ganhava anteriormente. De repente, havia entendido claramente o significado de um termo relativamente novo, na época, conhecido como "subempregado". Para piorar a situação, estava trabalhando em uma posição que não combinava espiritualmente comigo. Meu trabalho como analista de uma grande corporação hospitalar com fins lucrativos incluía explicar todos os meses os resultados financeiros do hospital. O que me incomodava era que se tivéssemos um mês "bom" isso significava um mês trágico para os pacientes e suas famílias. Percebi o quanto isso realmente me incomodava no dia em que encontrei um vizinho na cafeteria e ele me disse que sua mãe havia sido internada e não voltaria para casa novamente.

No mês seguinte, tivemos um "ótimo" resultado finaceiro e tive que explicar no meu relatório que isto era por que tivemos um "ponto fora da curva". Em linguagem hospitalar, um ponto fora da curva refere-se a um paciente cuja conta excedeu os duzentos e cinquenta mil dólares ($250,000). Ver meu vizinho no hospital e sabendo que o prolongamento dos últimos dias da sua mãe estava aumentando os nossos "resultados financeiros", me fez entender que eu precisava sair daquele negócio. Infeliz com a minha vida profissional e, ao mesmo tempo, com o achatamento salarial que sofri, sabia que precisava de uma grande mudança. Não lembro quantas vezes, sem conseguir dormir à noite, ligava a televisão e via a publicidade de Anthony Robbins sobre o curso "Sistema Pessoal de Poder". Sentia como se ele estivesse falando comigo quando perguntava: "-Você está pronto para uma mudança na sua vida?! O que você está esperando?!"

O único problema é que não tinha dinheiro suficiente nem crédito no cartão para comprar o curso. Bem, o Universo não deixaria que isso fosse um empecilho. Numa manhã seguinte, encontrei meu amigo Ron na praia, e ele disse que havia comprado o curso de Robbins e que me emprestaria assim que terminasse.

Fiquei muito entusiasmado e lembro-me de Tony dizendo que precisamos ter ações massivas em direção a mudança que desejamos. Então, ao invés de ficar pacientemente esperando, imediatamente fui à biblioteca próxima para ler alguns clássicos de auto-ajuda. Um destes foi "O Poder Infinito da sua Mente", de Joseph Murphy e o outro "A Mágica da Crença", de Claude Bristol.

Depois que li, compreeendi que podemos fazer mudanças massivas para melhorar a nossa vida, através do uso eficaz da nossa mente subconsciente.

Certa manhã, enquanto estava sentado na praia, meditei sobre uma questão: "O que eu deveria fazer com a minha vida?" Depois de poucos minutos um "filme" começou passar na minha mente. Era claro como um cristal e mostrou-me como um corretor imobiliário muito ativo em ações filantrópicas. Havia fotos e cartas de agradecimento nas paredes do meu escritório. Eu não sei quanto tempo esta visão durou, mas quando voltei à realidade havia lágrimas de alegria em meus olhos. Meu corpo vibrava da cabeça aos pés. O que quer que fosse, era no mínimo, poderoso!

Ao longo dos dias seguintes, fixei a ideia de que o Universo pudesse estar me dizendo que eu deveria ser um corretor imobiliário. Seria isso mesmo? Na época, me via como um investidor imobiliário e os corretores de imóveis eram apenas intermediadores do negócio.

Eu também tinha me comprometido em abrir uma empresa de investimentos imobiliários com um amigo que estava mudando para Flórida e queria fazer disso a minha principal prioridade. Esta visão ficou guardada na minha mente para ser lembrada apenas mais tarde.

Ron finalmente terminou o seu curso e como prometido me emprestou o material. Achei incrível e comecei a incorporar muito do que ouvia nos áudios em minha rotina diária. Uma das coisas que realmente gostei era o que Tony chamava de "hora de poder". Em sua hora de poder, ele falava sobre levantar de manhã e passar uma hora sozinho seguindo uma rotina que consistia em exercício, meditação e leitura de material motivacional.

Fiz alguns ajustes no programa dele, e todas as manhãs, depois da academia, dirigia até a praia e passava de sessenta a noventa minutos fazendo a minha "hora de poder". Fazia isso antes de ir para o trabalho, que comecei a chamar de "meu trabalho temporário".

Na minha hora de poder, pegava uma xícara de café no 7-Eleven, dirigia até Siesta Key e descia na Beach Turtle que ficava no extremo sul da ilha. Pegava a minha cadeira de praia dobrável e uma bolsa contendo os livros que estava lendo— uma pequena cópia do Novo Testamento, um caderno para anotar ideias e criação de cenas, meu livro da visão e um pequeno caderno com os meus objetivos escritos. Uma das coisas que comecei a observar foi o fato de que se chovesse e eu não pudesse sentar na praia para a "minha hora de poder", sentia uma diferença no meu nível de energia e humor. Na verdade, sentia-me um pouco deprimido e não era assim que queria começar o meu dia. Numa manhã, enquanto dirigia para praia, ouvia Tony Robbins falando sobre ter atravessado a Rússia de trem e durante a viagem ter estabelecido metas que depois reescreveu várias vezes até chegar a um ponto em que estas pareciam enormes. Quando cheguei à praia, decidi que era hora de estabelecer alguns objetivos GRANDES que me tirariam da minha zona de conforto. Peguei um caderno e comecei a trabalhar em objetivos que envolvessem negócios, saúde e boa-forma, viagens, relacionamentos e a minha conexão espiritual com o Universo. Quando terminei tinha 12 objetivos escritos os quais, naquele momento, pareciam absolutamente ENORMES para mim. A próxima coisa que comecei a fazer foi trabalhar com a minha lista de objetivos e tentar descrever cada um deles e como me sentiria quando eles se tornassem realidade. Pensei seriamente sobre isso, pois estava comprometido em alcançar os resultados que queria. O que eu fiz em seguida foi criar um pequeno caderno no qual incluí algumas afirmações, pequenos trechos bíblicos para orar e a lista dos meus objetivos. Depois de cada objetivo, desenhei uma ou duas carinhas felizes para representar alegria e gratidão.

*Objetivo Um*: **"Eu sou feliz!!"** ☺

O primeiro objetivo foi bem direto e significava que eu estava feliz com todos os aspectos da minha vida. Quando lia este objetivo, tinha um sentimento de profunda gratidão por quanto eu era feliz.

*Objetivo dois*: **"Eu não tenho dívidas de consumo!!"** ☺

O segundo objetivo foi um verdadeiro esforço para mim, pois sentia que estava sendo esmagado por dívidas. Eu havia "estourado" os meus cartões de crédito tentando subsidiar a perda de receita desde que virei subempregado. Ainda tinha dívidas de empréstimos estudantis que tomei para financiar os meus estudos de graduação e pós-graduação. O pagamento dos empréstimos estudantis se pareciam com o pagamento de um Porsche, você nunca consegue pagar na totalidade, paga apenas o mínimo no cartão de crédito.

Entre os cartões e os empréstimos estudantis, creio que devia cerca de trinta e cinco mil dólares. Eu desejaria estar certo, mas não estava. Nós também tínhamos os pagamentos dos carros; Por necessidade, compramos dois carros novos antes da fusão da minha empresa, pois os que tínhamos estavam quebrando com frequência e precisavam de reparos maiores. Então adicionei outros vinte mil dólares à conta. Agora eu tinha cinquenta e cinco mil dólares de dívidas, sem contar com uma hipoteca de cem mil dólares. A única palavra que descrevia meu sentimento na época era "desespero". Bom, Tony disse pense GRANDE, então estava seguindo o conselho dele. Para criar uma visualização para este objetivo eu me via indo até a minha caixa de correio. Quando a abria, ela estava vazia, contendo apenas algumas publicidades indesejadas.

Podia sentir o quão bom era não ter nenhuma carta de cobrança no meu correio. No momento em que estabeleci este objetivo, sentia um mal-estar no estômago toda vez que abria a caixa de correio, pois estava cheia de contas a pagar e cartas de cobrança por dívidas em atraso.

*Objetivo Três*: **"Eu sou um investidor imobiliário bem sucedido e me tornei um milionário!"** ☺

Quando escrevi este objetivo estava desenvolvendo um portifólio imobiliário com dez casas de aluguel que eu havia comprado do meu antigo sócio. Ele decidiu que era hora de se mudar da Flórida e por isso decidimos encerrar a nossa empresa de investimentos imobiliários. Como já trabalhava meio período neste negócio, criar uma visualização para este objetivo em particular foi fácil. Para esta visualização, me via trabalhando como investidor imobiliário em tempo integral. Me via dirigindo para a praia na minha "hora de poder" em uma caminhonete Ford F.150, branca com cabine extra e interior cor de bronze. Me via pegando a cadeira de praia, minha bolsa e livros, e lendo o jornal diário em busca de oportunidades de potenciais propriedades. Eu também me via fechando um negócio, apertando a mão do comprador e recebendo os lucros por comprar, reformar e vender propriedades.

Uma coisa estranha que acontecia era que em 20% do tempo em que tentava construir esta cena na minha mente ao invés de dirigir uma pickup branca, um Lexus LS 400 branco pérola com detalhes dourados aparecia na minha visualização. Quando isso acontecia, eu saia e me perguntava porque um carro de luxo entrava na minha visualização? –"Você não pode transportar materiais de contrução em um Lexus". Não fazia sentido. No dia seguinte, fazia a visualização de novo, e me sentia feliz vendo a minha pickup de volta na minha mente.

## *Objetivo quatro*: **"Eu estou em forma e sou ativo"** ☺

Eu dizia mais como uma afirmação do que algo que precisasse visualizar. Na época eu já havia completado três competições de triathlons "Ironman". Uma "Iron" em termos de distância consistia em nadar 3.800 metros; pedalar, 180 km e correr uma maratona de 42,2 km. O tempo de treinamento necessário para competir e terminar com êxito esta competição equivale a ter um segundo trabalho em tempo integral. Então, o meu objetivo era manter a minha forma física no futuro.

## *Objetivo Cinco*: **"Temos carros novos, pagos integralmente"** ☺

Eu afirmava isto e sentia como era bom não ter dívidas de parcelamentos de carros para pagar todos os meses.

*Objetivo Seis*: **"Temos dinheiro disponível para férias de verdade"** ☺

No momento em que escrevi esta afirmação, estávamos sem dinheiro e não podíamos fazer viagens de férias. Só podiamos fazer passeios curtos do tipo "bate e volta". Para esta visualização, nos via esquiando no Colorado. Visualizava a minha mulher dizendo o quanto ela estava se divertindo e tinha um sentimento de gratidão por vê-la feliz.

*Objetivo Sete*: **"Sou capaz de dar muito dinheiro para pessoas necessitadas e assim faço!"** ☺

Quando escrevi este objetivo, sabia que eu queria fazer filantropia. A razão de dizer isso era que eu e minha mulher já tínhamos nos tornado ativos no "Habitat para Humanidade" uma instituição global que ajuda as pessoas de baixa renda a terem uma moradia digna.

13

Numa manhã de sábado, perguntei ao supervisor de construção da Habitat que tipo de eletrodomésticos vinham nas casas prontas. Ele disse que vinham apenas com fogão e geladeira. Disse a ele que eu e minha esposa estávamos mudando para um condomínio e como não precisávamos levar a nossa lavadora e secadora, gostaríamos de doar.

O supervisor disse que poderia ser muito últil para Mary (não é o seu nome real) uma mãe solteira com quatro filhos. Na verdade, estávamos trabalhando juntos na casa dela naquela manhã. Fui até ela e disse que soube que aquela casa seria dela. Ela respondeu com entusiasmo: -"Sim, não é linda?!" Perguntei em seguida se ela queria um conjunto de lavadora e secadora para sua nova casa.

Tenho dificuldade em descrever o que aconteceu a seguir. Mary gritou SIM e me abraçou empolgada. Quando me abraçou, esse incrível sentimento de alegria correu pelo meu corpo.

Era como se todo o meu ser estivesse vibrando. Nunca havia sentido nada parecido, mas se isso era o resultado da doação, eu queria ter este sentimento o tempo todo.

Para visualizar este objetivo, eu me via cortando a fita de uma nova casa que seria doada a uma familia pela *Habitat para Humanidade*. Me via sendo chamado para entregar as chaves da nova familia. Podia sentir o mesmo "sentimento" que tive através do abraço de Mary e via as pessoas batendo palmas pela nova família. Quando fazia esta visualização, sempre terminava com lágrimas de alegria.

*Objetivo Oito*: **"Eu vivo próximo da praia e tenho uma bela casa."** ☺

Para esta afirmação, tinha um sentimento de gratidão pelo quão feliz estava por morar próximo à praia.

15

## *Objetivo Nove*: **"Eu tenho um grande portifólio imobiliário"** ☺

Eu também fiz esta afirmação para reforçar o objetivo #3 que era o de ser investidor imobiliário em tempo integral.

## *Objtivo Dez*: **"Os investidores confiam em mim e tenho a capacidade de levantar grandes somas de dinheiro."** ☺

No momento em que escrevi estes objetivos eu tinha apenas dois investidores que eram amigos íntimos. Dizia isto com um sentimento de que era absolutamente verdadeiro.

## *Objetivo Nove*: **"Eu tenho um ótimo relacionamento com a minha esposa"** ☺

Ao afirmar isso, sentia gratidão por ter minha esposa Robin na minha vida.

## *Objetivo Doze*: **"Eu tenho um ótimo relacionamento com Deus" '** ☺

Quando fazia esta afirmação, sentia gratidão por tudo na minha vida e pelas coisas que estavam a caminho.

O que aconteceu nos três anos seguintes ao ter escrito estes objetivos é nada menos que um milagre e até hoje me inspiram. Ainda agora tenho uma sensação de perplexidade enquanto relato esta história e a sequência de eventos que tornaram os meus sonhos realidade.

Sem mais delongas, veja como tudo aconteceu no plano do Universo.

Eu recebi um aviso através do e-mail dizendo que a minha licença como corretor estava vencendo e obrigatoriamente se eu quisesse mantê-la teria que ter aulas de atualização. Decidi que seria mais sensato ter aulas extras e manter a licença de corrretor imobiliário, assim trabalharia de forma independente e com a comissão integral.

Foi neste ponto que eu lembrei da visão que tive na praia quando me vi como corrretor imobiliário e ativo em ações de filantropia. Agora que eu estava mais espiritualizado, comecei a me perguntar se era isso que deveria ter feito antes. Eu me inscrevi nas aulas e começei a trabalhar em função da minha licença de corretor imobiliário na Flórida. Com ela, poderia abrir a minha própria corretora. Em concordãncia com a "visão", decidi que por cada venda, doaria dez por cento da nossa comissão bruta para instituições de caridade.

Numa tarde de domingo em Sarasota, na primavera de 2003, minha esposa e eu estávamos dirigindo a beira-mar para almoçar em um restaurante chamado Marina Jacks. No caminho, parei para tirar vinte dólares no caixa eletrônico. Enquanto dirigíamos, começamos a brincar com nomes, baseado em caridade, para criar o nome da nova corretora que iria abrir. Finalmente decidimos pelo nome Benefactor Realty e entramos para almoçar. Depois do almoço, decidimos dar uma caminhada no parque a beira-mar onde haviam uma exposição de grandes esculturas. Enquanto caminhávamos, um homen aproximou-se e perguntou se não poderiamos lhe dar algum dinheiro. Ele precisava de oito dólares para fazer uma refeição, tomar um banho e dormir em um abrigo. Eu coloquei a mão no bolso direito e tirei dois dólares. Pedi desculpa por não ter mais, mas ele agradeceu graciosamente.

Enquanto me afastava, lembrei da nota de vinte dólares que havia retirado e que estava no meu bolso de trás. Eu me virei e voltei para o homem e vi que outro Bom Samaritano estava dando a ele uma nota de cinco doláres. Dizendo a ele que a sua sorte estava mudando, dei-lhe a nota de vinte dólares. Havia algo diferente nele pois não se parecia com outros medigos que já vira antes. Se vestia bem e tinhas os olhos azuis mais claros que eu já tinha visto. Ele começou a caminhar pela orla conosco e nos contou uma história. A sua namorada havia se machucado em um acidente de carro e se viciado em analgésicos. Ele disse que estava tentando retirar-lhe os medicamentos e que ela chamou a polícia e entrou com uma ordem de restrição dizendo que ele era abusivo. Agora ele não podia voltar para casa e estava com medo se tornar um sem teto. Para lhe motivar, eu lhe contei a história de Og Mandino que durante um tempo da sua vida foi um alcoólatra sem esperança. Og começou a ler livros de auto-ajuda em bibliotecas e se transformou em multimilionário, autor de *best-sellers*, e um incrível palestrante motivacional. Eu também disse ao homem que ele deveria ter em suas mãos uma Bíblia. Naquele momento, ele enfiou a mão no bolso e retirou uma pequena versão do Novo Testamento de capa branca. Eu não sei como eu fiz aquilo, mas fui buscar o Evangelho de Marcos que eu leio todos os dias na praia, e como mágica cheguei a página exata na minha primeira tentativa. Fui buscar exatamente o versículo que leio na minha hora de poder, e DE NOVO abri na página certa. Depois de ler aquele versículo, disse-lhe que todas as coisas iriam dar certo e devolvi a sua cópia. Ele nos agradeceu de novo e disse que realmente o havíamos ajudado. Depois de ter me distânciado uns setes passos dele, senti uma energia que só posso descrever como o que acontecia naquela antiga série de TV Guerreiro Imortal quando Duncan MacLeod passava por uma "aceleração". Sentia todo o meu corpo vibrando do mesmo jeito que senti no dia em que Mary da Habitação para Humanidade abraçou-me. Tudo que posso dizer era que toda aquela experiência era no mínimo "estranha". Eu também lembro de pensar se não seria alguma forma de teste para saber se de fato estava falando sério sobre ter uma empresa chamada Benefactor Realty e doar recursos para instituições de caridade.

Pouco tempo depois, abri a Benefactor Realty e comecei a trabalhar como corretor imobiliário quando não estava no "meu emprego temporário". Felizmente, a maior parte das pessoas interessadas trabalham e só podem visitar os imóveis aos fins de semana. Em um domingo à tarde, estavamos retornando de um restaurante na Costa Leste, quando recebi uma ligação dizendo que a oferta que tinha feito ao comprador havia sido aceita, o que era uma ótima notícia, pois nós já tínhamos feito outro negócio no sábado. De repente, eu me vi ganhando mais dinheiro em três dias do que em seis meses de trabalho. Minha esposa olhou para mim e disse: "-Pete você não pode mais trabalhar lá...

Na volta para casa, pensava se realmente deveria abandonar o meu emprego diário e embarcar neste negócio imobiliário. Cerca de dez anos antes, tentei deixar a empresa e abrir um pequeno negócio mas não funcionou pois estava descapitalizado e tinha medo que isso pudesse acontecer novamente. Na manhã seguinte, fui para o escritório tentando pensar no que fazer.

Eu nunca vou esquecer a ligação que mudou a minha vida. Por volta das dez horas da manhã de segunda-feira, o telefone tocou. Era meu amigo Bill. Eu tinha trabalhado com ele e tínhamos passado juntos pelo processo de incorporação da nossa antiga empresa, agora falida. Quando atendi, Bill me perguntou: -"O que você está fazendo? Achei que era uma pergunta estranha e disse: -"Bill, você ligou para o meu trabalho. O que você acha que eu estou fazendo?" Bill então disse: -"Isto não é o que quero dizer. O que eu quis dizer foi: O que você está pensando? Você está pensando em fazer alguma coisa?". Então, falei para ele que estava pensando em deixar o hospital e vender imóveis. Ele disse: - "O DINHEIRO ESTÁ LÁ. O DINHEIRO ESTÁ LÁ."

Então Bill contou que estava meditando em um lago próximo de sua casa. Quando uma mensagem veio do Universo dizendo que ele precisava ligar para mim e me dizer que "o dinheiro está lá". Você não pode deixar de acreditar neste tipo de coisa. Como se não bastasse ter fechado três contratos seguidos, agora eu tinha o Universo me falando pelo telefone!

Não querendo mais questionar, imediatamente enviei um e-mail ao meu diretor para lhe dizer que iria me demitir. Alguns minutos depois, ele me ligou dizendo que estava feliz por mim e que sabia que era apenas uma questão de tempo até que eu saísse e fizesse algo relacionado com imóveis. Depois disso, fui me encontrar com os meus antigos investidores e perguntei-lhes se estavam dispostos em investir comigo de novo. Desta vez seria como uma linha de crédito privada para a minha nova empresa. Eles estavam animados com a nova oportunidade e me deram um cheque na hora. As palavras de Bill estavam ecoando de novo na minha mente. O dinheiro REALMENTE estava lá!

Diringindo para casa na minha rota normal daquela semana, olhei para o lado e vi um Lexus LS 400 pérola branco com detalhes dourados com placa de venda. Parei no estacionamento e caminhei em sua direção. Era O CARRO que continuava aparecendo nas minhas visualizações. Ele não se parecia ERA EXATAMENTE O MESMO. Sem hesitar, liguei para o número indicado na placa e comprei o carro.

Recebi a ligação de uma inquilina que tínhamos em um imóvel alugado. Ela ligou me perguntando se poderia ajudá-la a encontrar uma casa para comprar, pois não tinha noção do preço praticado no mercado. Eu disse que sim e depois perguntei se ela não gostaria de comprar a casa em que morava. Ela disse que não tinha certeza se poderia pagar, mas falei que a ajudaria com as despesas da transação imobiliária. O que eu ainda não tinha percebido é que esta propriedade tinha se valorizado em quase trinta e cinco mil dólares, dois anos depois que a compramos.

Menos de sessenta dias depois, tinha aberto uma nova empresa e deixado meu trabalho, vendido três propriedades como corretor, vendido uma casa de aluguel com um lucro extraordinário e pagado todas as minhas dívidas de consumo, incluindo os dois carros, todos os cartões de crédito e meu financiamento estudantil. Isto foi totalmente inesperado e me suspreendeu completamente!

Minha vida foi completamente transformada para melhor. Quando escrevi aqueles doze objetivos, não vi nada disto acontecendo. Eu não tinha ideia de como aconteceria. Tudo que sabia era que deveria continuar acreditando e deixar o Universo cuidar dos detalhes. Naquele mesmo ano, eu e a minha esposa saímos de férias e fomos esquiar em Breckenridge, no Colorado. Doze meses depois, compramos uma casa a beira mar. Com a ajuda do Universo conquistamos aqueles 12 objetivos que pareciam inalcançáveis para a minha realidade. Havia mais no ano seguinte e isso vai surpreendê-lo...

# CAPÍTULO 2

## GANHANDO NA LOTERIA

Depois de um ano inacreditável, durante o qual todos os meus objetivos e sonhos se tornaram realidade, comecei a pensar sobre o que mais eu gostaria de experimentar. Minha vida se tornou quase mágica. Estava claro que não havia nada que não pudesse ser, fazer ou ter, se eu tivesse fé e usasse as técnicas de visualização. Sendo um triatleta e tendo completado cinco corridas Iron, comecei a pensar na possibilidade de participar do Campeonanto Mundial Ironman em Kailua, Hawaí, conhecido como Ironman Havaí ou simplesmente Kona como é chamado no mundo do Triathlon. Qualquer pessoa que já tenha competido em Triathlon dirá que ter a sorte de competir no Havaí é como ganhar de uma só vez na Quina e na Megasena.

Antes de relatar a minha próxima experiência no Ironman, deixe-me lhe dar uma ideia do evento.

## A História por trás da Competição de Triathlon

O Ironman é uma corrida legendária que acontece no Havaí. Tudo começou com uma discussão de um grupo de atletas na comemoração da Corrida de Revezamento de Oahu, em 1977. Bebendo cerveja, discutiam sobre qual atleta era mais preparado: o de atletismo, natação ou ciclismo? Não havia um consenso entre eles. Decidiram, então, por a questão à prova e criaram uma modalidade de corrida que combinava as três modalidades de longa distância existentes em Oahu. Eram 3,8 km de natação, 180 km de ciclismo e para finalizar 42,2 km de maratona. Quem terminasse a prova em primeiro lugar seria chamado de "Homem de Ferro".

A primeira competição de Triathlon Homem de Ferro ou "Ironman" foi realizada em 1978.

Quinze loucos e bravos participantes competiram nesta primeira corrida. O fato mais notável é que eles não tinham a menor ideia se alguém poderia finalizar aquela prova, pois até aquele momento ninguém havia tentado. As provas deveriam ser realizadas sucessivamente e os vencedores receberiam uma estátua feita artesanalmente chamada de "Ironman" que representava um homen com uma noz de ferro fundido na cabeça, pois era preciso ter uma cabeça de "noz" para tentar fazer uma coisa destas. Doze dos quinze corredores que participaram daquela primeira corrida receberam a estátua, o que foi absolutamente incrível para dizer o mínimo.

Em 1982 a corrida foi transferida da agitada Oahu para tranquila Kona, distrito da Grande Ilha, onde se realiza até hoje. Atualmente, existe muitas corridas Ironmans em todo o mundo e o evento se tornou um negócio global. Todas as provas são organizadas por empresas que licenciam o uso da marca Ironman. Cada atleta de Triathlon deve muito aos pioneiros deste esporte.

Voltando a minha história...

Nas primeiras corridas Ironman do Havaí você podia simplemente pagar uma taxa e se inscrever na corrida. Como agora existe várias competições preliminares em diversas partes do mundo, a corrida do Havaí é o campeonato mundial da série. Basicamente cada triatleta sonha em participar desta corrida. Infelizmente é preciso ser um dos melhores triatletas do mundo para se classificar ou um dos mais sortudos para conseguir ganhar uma vaga no sorteio anual da corrida.

Todos os anos, a World Triathlon Corporation (WTC), que detém os direitos da marca, realiza uma loteria onde sorteia apenas 200 pessoas, dentre mais de dez mil inscritas, para participarem da corrida. Os resultados são publicados no dia quinze de abril. Não sendo um dos mais rápidos, significava que se eu conseguisse competir em

Kona seria como se tivesse ganhado o prêmio máximo da loteria.

Após pensar cerca de um mês sobre o assunto e se aproximando o prazo para encerrar as inscrições, decidi testar as minhas crenças. Peguei meu cartão de crédito e pus o meu nome à sorte, ou seja me inscrevi para concorrer ao sorteio da loteria do Campeonato Mundial Ironman 2005.

Como membro do St. Pete Mad Dogs Triathlon Club, conhecia muitas pessoas que já tinham tentado várias vezes a loteria do "Kona" e nunca haviam ganhado. Eu sabia que se quisesse algum resultado diferente, precisava fazer algo mais. A diferença seria fazer a prática da visualização. Depois de ter assistido a cobertura espetacular da corrida de 2004, decidi comprar o DVD e assisti-lo repetidamente. Com menos de quatro meses para o sorteio, sabia que tinha de levar aquilo a sério. Comecei assistindo ao DVD algumas vezes por semana. Além disso, corria mentalmente o Ironman no Havaí por vinte minutos, todas as manhãs.

O DVD tinha sido muito bem filmado e os enquadramentos da câmera faziam com que você assistisse de um ângulo que parecia estar concorrendo também. Uma das cenas mais memoráveis era a largada da natação quando você via os pés dos competidores saindo diretamente da água, bem na sua frente, enquanto ouvia a voz do narrador: -"Você está no Havaí. Você está no Ironman". Outra cena que eu realmente gostava, mostrava o líder dos ciclistas nos campos de lavas da rodovia Queen K, com a sombra do helicóptero que o filmava passando por cima dele. Essas cenas foram utéis para criar visualizações bem próximas da realidade.

Eu também encontrei uma foto de uma edição da Revista Triatleta, intitulada "Movimentos Noturnos". A imagem mostrava alguns triatletas mais altos, andando no escuro no campo da rodovia Queen K e um triatleta mais baixo e atarracado correndo atrás deles. A legenda dizia: "À medida que as primeiras sombras da noite vão cobrindo os últimos minutos remanescentes de um longo dia, os triatletas continuam em direção à linha de chegada". Recortei a fotografia e coloquei no meu livro de visão. Sou atarracado e, normalmente, passo muitas pessoas no escuro quando corro. Aquele homem na foto agora seria eu. Visualizei esta cena mais vezes do que posso contar.

Antes que me desse conta, chegou o dia do sorteio. Fui ao escritório do meu amigo Bryan para almoçarmos juntos. Sua secretária disse que ele tinha saido para cortar o cabelo e logo voltaria. Olhei para o relógio e, de repente, percebi que eram quase meio dia do dia 15 de ABRIL. Hora do sorteio. Oh meu Deus! Eu estava nervoso. Sentei-me na mesa de Bryan e corri para o seu computador para buscar os resultados na Internet.

Não podia acreditar nos que os meus olhos viam! O primeiro nome da lista era "Peter Adams

FL." Será que era eu? Haveria outro Peter Adams? Fiquei todo arrepiado. Não podia acreditar no que estava acontecendo. Bryan entrou, dez segundo depois. Eu disse: - "Veja isto" e apontei para o site da página do sorteio. Ele pensou que eu estava brincando, que havia feito uma lista falsa. Repentinamente meu telefone começou a tocar. Eram triatletas amigos perguntando se eu já sabia que havia sido sorteado! Então Bryan disse: - "Meu Deus, isto é maravilhoso!"

Bryan foi meu parceiro de treino em vários Ironmans que competimos juntos, e sabia que isto era o tipo de uma coisa que só acontece uma vez na vida. Ficamos ali, surpresos, nos perguntando se era mesmo verdade. Liguei para minha esposa para lhe dar a boa notícia. Ela nem conseguiu acreditar. Lembro-me dela dizendo: - "Não acredito! Você está falando sério?! - Oh meu Deus, Pete, isto é FANSTÁSTICO e do seu telefone começar a tocar. Eram os amigos ligando para nos parabenizar.

Eu não conseguiria dizer o quão grato me senti quando soube da notícia. O Universo havia feito mais uma vez! Uau!

### *"Você está no Hawaí. Você está no Ironman"*

Seis meses depois, assim como no vídeo, lá estava eu na fila de identificação, carregando minha bagagem e recebendo o número 813 estampado na minha roupa. Se você já fez triathlon sabe que logo antes do início da corrida, os nervos e as emoções estão à flor da pele.

Após receber a minha numeração, fomos deixar a minha bagagem e dar uma última checada na bicicleta para ter a certeza de que os pneus não estavam vazios. O tempo em que esperava na água pelo o início da largada pareceu-me uma eternidade.

O tiro disparou e a competição a nado finalmente começou. Enquanto nadava, via os pés do atleta à minha frente e ouvia a voz do narrador dizendo: - "Você está no Havaí. Você está no Ironman." Eu estava justamente no DVD de

2004 — Eu REALMENTE estava no DVD. Comecei a pensar seriamente se aquilo era real... eu no Havaí ... no Ironman. E se fosse um sonho? A natação é para mim uma das provas mais fáceis. Então, depois de sair das águas do Pacífico, não tive dificuldades em encontrar minha bicicleta, pois haviam poucos atletas além de mim na zona de transição. Pulei na bicicleta e a adrenalina começou a subir. Haviam pessoas por todos os lados, nos aplaudindo. Antes de sair da cidade, passei duas vezes pela minha esposa e amigos. Após passar por eles pela última vez, subi a Palani Road e segui para os campos de lavas vulcânicas na rodovia Queen K.

Passando pelo aeroporto, finalmente comecei a pedalar em um bom ritmo. Nos campos de lavas o cenário era desolador e de novo parecia que eu estava no DVD. Quando se está pedalando por 180 km, você tem tempo de sobra para pensar e novamente me veio a ideia de que tudo aquilo poderia ser fruto da minha imaginação.

Comecei a me perguntar se realmente não estaria morto e se Deus, na verdade, não estaria me deixando fazer esta corrida no céu. Não estou brincando quando digo isso!! Comecei a imaginar que tive um acidente de bicicleta e estava em coma ou coisa parecida.

Nesta corrida, é proibido pegar carona no vácuo do competidor da frente. Os ciclistas devem manter uma distância de 15 metros entre si até o momento da ultrapassagem. Cerca de 56 km do meu percurso de bicicleta, me encontrei num trecho com muitas colinas. Eu estava ultrapassando e sendo ultrapassado por uma corredora em uma bicicleta Griffen verde. Ela era mais leve do que eu, então me ultrapassava nas subidas e, sendo eu mais pesado, a ultrapassava nas descidas.

Isso durou cerca de dez minutos e então me coloquei ao seu lado e quando ela me olhou, perguntei-lhe sem pestanejar: - "Nós realmente estamos aqui?" Sua resposta foi: -"Sim, eu sei o que você quer dizer. Isto é surreal." Bom, pelo menos eu não era o único a pensar que estava delirando. Já me sentia melhor, mas ainda me perguntava se não era um sonho.

Comecei a me aproximar do retorno na cidade de Hawi (lê-se Havii) e os ventos estavam ficando cada vez mais fortes. Eram rajadas laterais intensas, mas na hora confundi com um contra-vento e comecei a me animar com a pesrpectiva de um vento de fundo que teria quando saísse da cidade.

Após parar no posto de abastecimento da corrida e comer a minha refeição de corrida preferida ( presunto cozido com queijo chedar, pão branco e mostarda), montei na bicicleta para retornar a Kona.

Saindo de Hawi, percebi que não havia um vento favorável esperando por mim. Ao invés disto, recebi um contra-vento parte II. Eu estava pendalando com todas as minhas forças, mas por conta disto, só conseguia fazer apenas 27 km por hora numa descida quando deveria estar indo a 64 km. Agora eu estava começando a me preocupar se conseguiria cumprir o tempo limite da prova de ciclismo.

Finalmente voltei para a rodovia Queen K e para os campos de lavas vulcânicas. Na curva, vi um piloto que tinha um sistema de hidratação de estilo diferente; parecia mais um tanque. Ele ainda não havia atingido a subida para Hawi. Pensei nas rajadas de vento que o esperavam. Tudo o que consegui pensar naquele momento era que estava feliz por não ser aquele "pobre coitado".

Não sabia na época, mas seu nome era Jon Blais e ele era conhecido como "Blazeman." Ele estava participando do Ironman enquanto sofria de uma dor insurportável devido a uma doença incurável em estágio terminal, conhecida como Esclerose Lateral Amiotrófica ou simplesmente ELA. Jon tinha um sistema de hidratação especial porque não podia pegar garrafas de água nos pontos de apoio, pois a doença tinha afetado a

41

sua coordenação motora. Ele era o porta-voz da ELA e um ser humano incrível. Naquele dia, Jon cruzou a linha de chegada em Kona; Infelizmente, alguns anos depois, aquela horrível doença tirou a sua vida.

Voltando pelos campos de lavas, percebi que a volta era muito mais fácil. Enquanto pedalava, podia ouvir o helicóptero se aproximando e antes que eu desse conta a sua sombra passou diretamente sobre a minha cabeça. Exatamente como assisti no DVD de 2004; a única diferença era que eu não estava na liderança da corrida. Aquela sombra me assustou e agora estava quase convencido de que eu não estava ali. Depois de mais rajadas de ventos e muitos quilômetros de campos de lavas, finalmente estava de volta à cidade. A primeira pessoa que eu reconheci em horas foi a minha esposa, que estava torcendo por mim na estrada abaixo da Kona Brewing Company. Foi tão bom vê-la me aplaudindo e dizendo: - "Muito bem"! Por um momento, a dor nas minhas costas, pescoço, pernas e nádegas diminuíram. Fui até a área de transição para colocar o meu tênis de corrida e começar a maratona. Sai em direção a "Hot Corner", um cruzamento particular na cidade de Kahlua Kona. O local é assim chamado por todos os triatletas e fãs que assistem ao Campeonato Mundial de Ironman, pois quando competimos, percorremos essa esquina duas vezes na bicicleta e também durante a maratona. É o local de onde todos tentam assistir a corrida, pois conseguem ver os corredores passar por esse cruzamento quatro vezes. Minha esposa e meus amigos estavam lá torcendo por mim. Me senti muito bem e, após poucos quilômetros, consegui livrar-me das minhas "pernas de bicicleta". Subi pela Alii Drive passando pela Ilha Lava Java, que estava absolutamente lotada de torcedores. A visão geral da avenida principal da Lava Java era absolutamente INCRÍVEL . Senti muita gratidão e agradeci Deus por ter me permitido estar no Havaí e no Ironman.

Alguns kilômetros depois, vi Sarah Reinert-sen correndo em minha direção. Por aqui, ela era como uma estrela de rock com todo suporte e com a sua própria equipe de filmagem. Todo mundo a conhecia. Para aqueles que não sabem Sarah foi a líder da corrida de 2004. É uma atleta desafiadora que quando criança, por conta de uma deficiência de nascença, teve de amputar uma perna acima do joelho. Em 2004, ela tentou ser a primeira amputada acima do joelho a finalizar o Campeonato Mundial Ironman, no Hawai. Se assistir a história dela no DVD de 2004 terá ideia do que aconteceu. É de chorar.

Na corrida de 2004, Sarah foi desqualificada pois ultrapassou o tempo limite da prova de ciclismo. Em 2005, ela estava de volta a corrida com uma bicicleta Trek, com as seguintes palavras pintadas no quadro: "Negócios Inacabados". Quando Sara e eu passamos um pelo outro pela primeira vez, eu sabia que desta vez ela conseguiria. Ela estava correndo forte e tinha um sorriso que fazia todos ao redor sentirem-se bem. Sarah sabia que tinha isso a seu favor, então era hora de aproveitar a jornada.

Finalmente, a ultrapassei. Realmente, não queria ultrapassá-la pois estava me divertindo e me deliciando com sua glória. Quando as pessoas torciam por Sarah, me sentia tão bem que, por um momento, esquecia da dor no corpo. Era como uma mensagem do alto. Se ela podia estar aqui apenas com uma perna boa, era melhor eu não começar a sentir pena de mim mesmo.

Depois de sair da cidade e assistir ao belo pôr do sol no Pacífico, fui em direção ao aeroporto e ao infame Laboratório de Energia, na Hawaii Road, trecho onde o calor e o sofrimento aumentam, razão da sua fama, pois nessa hora do dia estava extremamente quente. Na saída, vi Sarah novamente; era muito difícil perdê-la de vista com toda aquela equipe de filmagem à sua volta.

Agora que estava mesmo escuro, lembrava da foto da Revista de *Triathlon que havia recortado e* colocado no meu livro da visão. *Eu era realmente o cara da foto, aquele que estava junto aos corredores mais altos. Tudo que eu queria,* naquele momento, era voltar para a cidade. O campo estava escuro como breu com exceção dos pontos de apoio, iluminados por geradores a gás. Tudo que eu tinha de fazer era me manter correndo até a proxima zona iluminada e ser recebido pelos voluntários mais animados do mundo. O mantra agora era: "se mantenha em movimento". Apenas continue se movendo.

Finalmente, saí da escuridão e cheguei aos arredores da cidade, de volta a civilização. A cada passo ouvia a voz do locutor e a multidão aplaudindo cada vez mais alto. Desci a Palani Road, atravessei a "hot corner" e virei à esquerda. Agora eu estava correndo paralelo a linha de chegada. Estava perto, mas ainda não estava lá. A cada passo de volta a Alii Drive, sentia todo o corpo dolorido.

Enquanto me aproximava, lembrei de um conselho que um amigo me deu quando soube que eu iria competir em Kona. Ele tinha feito a corrida poucos anos antes e disse-me: -"Não corra desesperadamente para a linha de chegada. Faça no seu tempo e aproveite esse momento. Você nunca esquecerá dele enquanto viver. Acredite em mim."

Os dois últimos quilômentros pareciam os mais longos das últimas 24h. Onde era o retorno? Eu me peguei pensando meio perdido. Finalmente vi um policial bloqueando o tráfego e entendi que era na direção dele que deveria seguir. −"Já era tempo", pensei e virei a ladeira para a Alii Drive.

O que ocorreu a seguir foi uma das coisas mais memoráveis que me aconteceu. Eu estava descendo a Alii Drive e havia uma multidão de crianças e adultos correndo até mim e me cumprimentando. Eles queriam compartilhar este momento e foi absolutamente INCRÍVEL tê-los lá! Finalmente, cheguei à rampa de entrada e avistei a linha de chegada.

Já participei de muitas corridas, mas nunca tinha visto nada assim! As pessoas estavas espremidas na arquibancadas gritando e aplaudindo os atletas. Centenas de pessoas alinhadas, gritavam e faziam barulho. Havia tanta energia que dava para iluminar uma cidade. É algo que você tem de vivenciar para entender.

Eu fiz o percurso final no meu tempo e não tenho palavras para descrever esta experiência. Após cruzar a linha de chegada, recebi flores frescas com um maravilhoso perfume, uma toalha e a minha medalha oficial de finalista. Logo depois, encontrei Robin e alguns amigos que me prestaram apoio. Tudo que eu queria era um banho quente e uma cerveja gelada.

Enquanto caminhava através da multidão, todos me diziam: - "bom trabalho!" ou - "parabéns!". Tudo que eu dizia era: - "Obrigado!". Agradeço a todos os torcedores e voluntários. Aos primeiros corredores de 1978. A minha esposa e aos amigos pelo carinho e apoio. A Deus por esta extraordinária experiência que irei sempre lembrar com grande alegria e gratidão!

Como dizem no Campeonato Mundial Ironman: - "Tudo é possível." Espero que esta história tenha feito você também crer que tudo é possível.

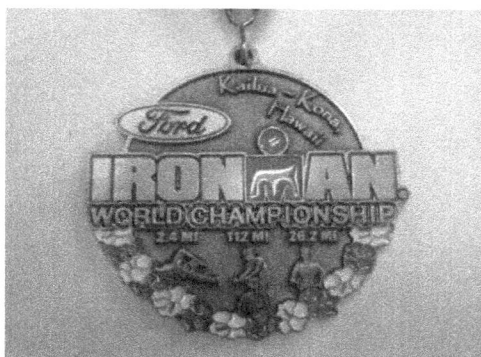

# CAPÍTULO 3

## A VISÃO DA CASA

Na primavera de 2004, minha esposa Robin e eu, assistimos a um especial sobre Breckenridge, uma estação de ski no Colorado. Numa das minhas jornadas matinais pela praia, havia posto Breckenridge na lista de "lugares para viajar".

Poucos meses depois, comentei com Doc, um amigo do Colorado que conheci em um curso de corretor imobiliário, que gostaria de conhecer Breckenridge. Ele tinha um título de sócio da estação de Sky e o direito a usufrir uma semana de férias em "Breck" uma vez por ano e me ofereceu a estadia, pois não ia para lá naquele ano.

Fui para casa naquela noite e contei a Robbin ... De repente, corri até o meu carro, abri o porta-malas e encontrei o caderno que eu levava para praia onde tinha meus objetivos escritos e mostrei a Robbi. "Nós estamos aproveitando as nossa férias esquiando em Breckenridge." Os pelos do meus braços arrepiaram-se. Estava funcionando de novo! Acabamos por não utilizar o período ofertado por Doc e, ao invés disso, reservamos a semana antes do Natal. Agora tínhamos ferias de verdade!

Retornamos a Breckenridge nas férias de Dezembro de 2006. Certa manhã, quando saímos para esquiar, passamos por uma área com belas mansões com vista para a Cordilheira Ten Mile. Depois de esquiar, decidimos passar por lá para observamos mais uma vez as propriedades.

Agora que entendíamos o poder da visualização, queria algum material para por no meu Livro da Visão e para fazer novas visualizações. Dirigimos em torno da área até que encontramos uma casa que achamos que tinha a melhor vista. Tiramos uma foto de um ângulo que pegava a paisagem. Depois de chegar em casa, um amigo imprimiu duas fotos coloridas que coloquei no meu Livro da Visão.

Estas fotografias representavam a "cena ideal". Se tivéssemos uma propriedade como aquela como segunda casa, seríamos obviamente muito bem sucedidos. Eu me visualizava tendo teleconferências com nossos gestores de ativos e após isso, no fim da tarde, me via saindo para esquiar ou jogar golfe, dependendo da época. Muitas vezes, quando estava sem sono, esta era a visualização que eu utilizava para impregnar o meu subconsciente até cair no sono.

Eu, provavelmente, fiz esta visualização mais de 500 vezes. No verão de 2010, decidimos escapar do calor da Flórida e trabalhar remotamente a partir de Breckenridge, Colorado. Encontramos um pequeno chalé mobiliado para alugar através de Craigslist, uma plataforma de anúncios on line que era bastante popular. Ficava apenas a um quilômetro de onde havíamos tirado a foto em 2006. Naquele verão, passeamos de bicicleta pela região e tiramos mais fotos. Gostamos tanto daquela temporada no Colorado, que decidimos procurar um local para alugar o ano todo.

Depois de uma de aula de yoga, uma tarde de sexta-feira no mês de Julho, Robin voltou para casa para pesquisar um aluguel anual. Após uma hora procurando sem encontrar, sugeri que desse uma olhada no Craigslist. Ela começou a olhar as fotografias e depois disse empolgada: - "Pete você tem de ver esta casa"! Caminhei em sua direção e quando vi a imagem da casa em seu computador, percebi que era a CASA que tinha colocado no meu Livro da Visão.

Me arrepiei todo quando vi as fotografias. Estava completamente maravilhado! Perguntei a Robin como contactar o responsável pelo anúncio. Quando ela me disse o nome, por alguma razão, eu sabia que já tinha ouvido aquele nome antes.

Pesquisei no meu e-mail e encontrei-o co-
nectado com um anúncio de um apartamento
com garagem que eu havia visitado em Março de
2009. Solicitei algumas fotos da casa. Quando vi
as imagens, mais uma vez fiquei arrepiado, pois
havia uma foto tirada da janela onde a vista era
quase idêntica a que eu tinha no meu livro.

Liguei e marquei para ver o imóvel na manhã
seguinte. Ela nos deu endereço e, na mesma hora,
nos dirigimos até lá, pois não conseguimos con-
ter a curiosidade. Cinco minutos depois, sabía-
mos, sem sombra de dúvidas, que era a MESMA
CASA. Não queríamos acreditar no que de fato
estava acontecendo...

Na manhã seguinte, fomos visitar o imóvel.

A proprietária era muito simpática e passamos noventa minutos tomando café e aprendendo sobre sua bela mansão.

Eu não sei se consigo descrever o meu sentimento de assombro quando entramos na casa. Era espantoso olhar através da janela e ver a mesma vista que tinha nas minhas visualizações. Comentamos a coincidência de nos encontrarmos pela segunda vez por conta de um anúncio no Craigslist. Ou seja, eu já havia estado com a proprietária do imóvel um ano antes, sem saber. Era como se a casa estivesse vindo em minha direção, agora pela segunda vez!

Não falamos sobre as fotos que tiramos em 2006 nem sobre o livro da da visão ou sobre as minhas visualizações com teleconferências e tal... Se falássemos sobre isso, a senhora poderia pensar que se tratava de um delírio por termos parado de tomar a medicação ou algo assim. Dissemos apenas que tínhamos interesse no imóvel e pedimos que nos enviasse uma proposta.

Depois da visita, fomos passear de bicicleta pelas motanhas primaveris do Colorado. Durante o resto do dia, ficamos nos perguntando se aquilo era realmente possível. Era incrível demais para conseguirmos compreender. Provava que a visualização criativa REALMENTE funcionava. Todos temos o poder de criar a vida e as circunstâncias que desejamos. Eu espero que a minha experiência seja inspiradora para você.

## CAPÍTULO 4

---

# FÍSICA QUÂNTICA & ENERGIA

Física Quântica é um tema muito complexo e honestamente não posso dizer que sou um expert neste assunto. Ao invés de fazer uma abordagem técnica da teoria quântica, eu vou simplificá-la para você entender melhor.

Em resumo, todas as coisas do Universo, quando quebradas em pequenos pedaços, são apanas uma coisa: energia. Tudo que você sente, prova, etc., é totalmente feito de energia. Talvez você nunca tenha pensado nisto antes, mas você também é constituido de energia. Se olhasse para o seu corpo através de um poderoso microscópio veria que, em menor nível, você também é energia.

Para dar uma passo adiante, seu espírito, sua alma, o que for mais confortável para você é também energia. Neste caso, Energia Divina.

## É uma "onda" ou uma "partícula"?

A Física Quatica é o estudo subatômico das partículas, a menor parte da matéria e como estas reagem. Uma das coisas mais fascinantes que os cientistas descobriram foi que quando eles mediram as partículas subatômicas, os resultados demonstraram que dependendo do experimento estas poderiam se comportar, simultaneamente, como uma "particula" ou como uma "onda". Como se isso já não fosse estranho o suficiente, eles fizeram outras pesquisas e descobriram que o "observador" afetava o resultado da experiência apenas através da observação.

O mais incrível disto foi provar que os pensamentos do pesquisador afetavam os resultados do experimento. Portanto, pensamentos são coisas reais que tem realmente energia para moldar o exterior. Isso nos prova que todo o Universo é feito de energia e que os resultados podem ser manipulados através dos pensamentos. Neste nivel de energia, estamos conectados com a fonte de energia, o mesmo nível da criação do Universo.

## CAPÍTULO 5

# ESTÁ TUDO NA SUA MENTE

Seus pensamentos são coisas e são criativos por natureza. Infelizmente, quase todos não percebem que participam da criação de suas próprias vidas através dos pensamentos que produzem. Muitas pessoas acreditam que vivem em uma vida predeterminada, guiada pelo "destino", e que estão apenas seguindo o caminho. Nada poderia estar mais longe da verdade.

Para deixar um pouco mais claro, imagine que você é o personagem principal e o roteirista do filme "Sua Vida". O roteiro é escrito pelos pensamentos que você tem, e que atraem as "cenas" em seu filme pessoal chamado "Sua Vida". Se atualmente você não gosta da cena que está se desenrolando no filme da sua vida, reescreva o roteiro para muda-la. Infelizmente, a maioria dos roteiristas ficam bloqueados quando se trata de escrever a próxima cena. Como roteirista, você pode criar qualquer filme da sua vida, desde que acredite.

## "G.I.G.O."

"G.I.G.O." é um acrônimo que significa "Garbage In, Garbage Out" ou lixo dentro, lixo fora. Vamos trazer isso para o campo do pensamento. Se continuamente você pensa em coisas negativas, verá resultados negativos em sua vida. Não é por acaso, mas sim pela lei natural da vida.

Uma das coisas mais prejudiciais que nossas mentes podem fazer, se não vigiarmos os nossos pensamentos, é criar o que chamo de "espiral descendente". Na "espiral descendente", os pensamentos de medo geram cada vez mais pensamentos de medo e, em sua mente, as coisas vão ficando cada vez piores. É quase como um "festival de terror" que está sendo coreografado completamente em sua mente como resultado de pensamentos "errados".

**_Exemplo de uma "espiral descendente":_**

_Um exemplo disso pode ser um vendedor preocupado em aumentar sua cota. Ele começa a pensar em ideias como esta:_

- _Se eu não atingir a minha cota, eles vão me demitir e eu não terei emprego._

- _Se eu perder meu emprego, não poderei encontrar outro._

- _Quando não encontrar outro emprego, vou perder a casa._

- _Quando perder a casa, perderei minha família e ninguém mais me amará._

- _Eu ficarei sem teto e morrerei de "............." sozinho._

Agora, o filme se transforma em uma verdadeira tragédia e o vendedor está se sentindo como se essa "realidade" estivesse realmente acontecendo. O estresse desses pensamentos negativos pode se traduzir em vendas perdidas devido à eficácia reduzida provocada pela insônia. O problema com essas "espirais" é que elas ficam fora de controle e geram um estresse real. Se esses pensamentos não forem cancelados, eles podem se tornar uma profecia auto-realizável, através da atração de resultados negativos para sua experiência de vida.

Sempre que sua mente começar a tentar a iniciar a "espiral", você imediatamente precisa dizer com força "PARE!" Você é quem está no controle do que vai pensar. Não permita que isso lhe aconteça!

Lembre-se de que nada de bom pode vir de ter pensamentos negativos; portanto, decida agora expurgá-los do seu ser.

## Pensamentos e crenças equivocadas

Não é minha intenção lhe dar uma desculpa pré-fabricada sobre o porque das pessoas não estarem vivendo a vida de seus sonhos através do que vou dizer a seguir. A verdade é que, desde o momento em que nasceu até onde está agora, você foi submetido a uma "lavagem cerebral". Isso ocorreu sem você perceber. Poderá ter sido positivo, mas é mais que provável que você tenha recebido reforço negativo.

Provavelmente, a maior "lavagem cerebral" que recebeu veio de seus pais, e esta continuou sendo ministrada por parentes, amigos, comunidade, religião, educação formal etc. Você foi bombardeado com desinformação negativa, da qual se tornou convencido que era a "verdade", pela forma como estava sendo contada a você por aqueles, que "sabiam tudo". Certo?

Infelizmente, as mentes jovens são facilmente envenenadas pelas crenças equivocadas das pessoas que amam. A maior tragédia é que essas falsas crenças continuam a existir em algum nível em sua mente.

O exemplo mais comum que ouço regularmente é: "Não posso (ser, ter ou fazer) o que realmente quero por causa de _____."

Pergunta: Como você sabe disso se nunca tentou?

Resposta: "Só sei que não posso por causa de _____."

Agora que você é mais velho, é hora de abandonar as crenças limitantes, pois elas são responsáveis pelo resultado de sua vida até agora. Se foram os seus pais, ou quem quer que tenha instilado em você a crença de que você não pode fazer, ser ou ter alguma coisa, não importa, abandone essas crenças AGORA!

Outra crença comum que muitas pessoas têm é que, de alguma forma, elas não são "dignas" de ter a vida de seus sonhos. De onde veio essa ideia? Não está lhe servindo, por isso abandone-a imediatamente! Você é digno! Você foi criado para viver a vida dos seus sonhos e recebeu o livre arbítrio para alcançá-la.

Muitas vezes, as crenças limitantes são tão fortes que impedem as pessoas de tentar. O que você disse a si mesmo no passado que não podia fazer? Seja honesto. Todos nós já fizemos isso muitas vezes no passado. O passado é passado, então largue essa "bagagem" mental que o sobrecarrega há tantos anos e siga em frente. Quanto mais cedo você fizer isso, mais cedo sua vida vai melhorar.

Você está trabalhando com um Universo de infinitas possibilidades. Você não está vivendo em um mundo de escassez ou recursos limitados. Pode ser que seja assim que lhe aparece no plano físico, mas essa não é a verdade. A verdade é que quanto mais você tem, mais há.

O Universo está em constante expansão, e todos podem ter tudo o que querem, se acreditam que podem e se estão dispostos a fazer sua parte.

## O que devo pensar?

Essa é uma boa pergunta e a resposta é direta. Você deve pensar no que deseja e não se preocupar com o que não quer na sua vida. Tenho certeza que você já ouviu uma frase comum "desgraça pouca é bobagem ". O que você pode não ter percebido é que ela é um exemplo real da Lei da Atração em ação.

Digamos, por exemplo, que o seu carro dê problema, resultando em um reparo caro. Depois de pagar o mecânico, você volta para o seu carro e tudo o que você pensa é em como você está "quebrado" agora ... dez minutos depois, seu telefone toca, e é seu cônjuge ligando para dizer que o ar condicionado parou de funcionar ... com pavor, você começa a se preocupar em como vai pagar por isso ... então percebe que o tráfego à sua frente parou, percebe tarde demais, e entra na traseira de um carro, prejudicando gravemente ambos os veículos. No dia seguinte, seu chefe pergunta por que você precisa de um adiantamento de salário e você responde com: "Desgraça pouca é bobagem"

O que você pensa e se concentra vai aparecer, então você precisa ter certeza de que o que está pensando corresponde ao que deseja manifestar em sua vida. Se quer mais dinheiro, precisa entrar no "sentimento" de que você já tem muito e é abençoado com abundância... Se é a primeira vez que ouve isso, pode parecer ilusório, mas não é.

O "sentimento" neste caso é uma vibração que está sendo enviada através de seus pensamentos para o Universo. Uma incompatibilidade na vibração será corrigida ao longo do tempo. Nesse caso, pode ter a aparência temporária de uma escassez de dinheiro. Se você se recusar a "aceitar" a aparência e se manter firme em sua crença por "sentir" que você tem bastante, o Universo trará as circunstâncias necessárias de acordo com sua vibração.

O Universo pode fazer isso de inúmeras maneiras, uma das quais pode ser de repente você conseguir um grande cliente para o seu negócio, ou "do nada" receber um cheque do tio Bob, que acabou de vender sua empresa por US $ 10 milhões e está se sentindo generoso ou uma ideia de "um milhão de dólares" vem a você sobre uma invenção em que estava trabalhando. Para as pessoas de fora, isso parecerá apenas "sorte". Não existe boa ou má sorte; existem expectativas positivas ou negativas.

Essas expectativas que você tem, positivas ou negativas, atrairão as boas ou más circunstâncias que aparecerão em sua vida.

Vamos fazer alguns exercícios no Capítulo 8 que o ajudarão a definir o que você quer e a verbalizar o que realmente deseja. Depois podemos então trabalhar para criar esta realidade através das técnicas que usaremos mais adiante neste livro.

CAPÍTULO 6

_____

# SENTIMENTOS & GRATIDÃO

Simplificando: semelhante atrai semelhante. Portanto, você precisa vigiar os pensamentos que vem tendo atualmente, pois eles o levarão a um estado de sentimento bom ou ruim. Pense nos seus sentimentos como um sistema de alerta para aquilo em que está pensando. Se você se sente mal por alguma coisa, e continua se concentrando nela, vai ampliar esse sentimento ruim. Ao ampliar esse sentimento ruim, você atrairá para a sua vida mais do que o fará sentir-se mal. Isso absolutamente não vai ser uma coisa favorável quando você tem mais e mais coisas com o que se sentir péssimo.

Um dos melhores exemplos que ouvi sobre a Lei da Atração é esse: imagine que o Universo é uma empresa gigante de pedidos por correio, e a maneira como você faz seus pedidos é através dos seus pensamentos. Por outro lado, imagine que haja um funcionário da expedição preenchendo seu pedido. O funcionário da remessa não sabe se o tamanho 8 será adequado para você; tudo que ele sabe é o que você pediu. Portanto, deve ser do tamanho desejado.

Às vezes, esses pedidos são enviados para nós com "bônus extras", o que pode ser muito bom ou muito ruim, com base no que estamos pensando. O bom de todos os pedidos que fazemos é que eles podem ser cancelados antes de serem enviados, através de uma mudança de pensamento. De longe, os melhores pensamentos que deveríamos ter são aqueles que nos dão um sentimento de gratidão. Ao sentir gratidão, estamos agradecendo ao Universo e nos conectando diretamente à Fonte de Energia através do amor, que é a força mais poderosa do nosso Universo.

Quando você expressa um verdadeiro sentimento de gratidão ao Universo, está fazendo muito mais do que agradecer por suas bênçãos atuais. Está também preparando o cenário para que mais coisas boas sejam trazidas à sua experiência no tempo e espaço, para que você tenha mais e mais a agradecer.

Quando você expressa gratidão pelas coisas que ainda não apareceram em sua experiência, isso é ainda mais poderoso, pois você agora pegou uma meta ou uma intenção e a converteu em uma forma de oração. Uma das minhas passagens favoritas da Bíblia que aborda isso é a do livro de Marcos 11: 23-24, quando Jesus diz:

> "Porque em verdade vos digo que qualquer que disser a este monte: Ergue-te e lança-te no mar, e não duvidar em seu coração, mas crer que se fará aquilo que diz, tudo o que disser lhe será feito.
>
> Por isso vos digo que todas as coisas que pedirdes, orando, crede receber, e tê-las-eis".

Essa é uma das declarações mais poderosas já contadas sobre como criar o que você deseja experimentar. Jesus está nos dizendo diretamente COMO criar milagres em nossas vidas. Muitas pessoas pensam em "milagre" como algo incrivelmente grande, como pegar alguns peixes e pães e alimentar milhares de pessoas. Não é isso que estou dizendo. Um milagre pode ser, sair de um terrível acidente de carro sem nenhum arranhão. Pode ser o resultado negativo de um exame médico ou um dinheiro de uma fonte inesperada exatamente quando você precisa. Todos esses são milagres, apenas em menor escala do que, digamos, abrir o Mar Vermelho. O processo que descrevi acima, de gratidão pelos milagres que ainda não recebeu, os coloca em movimento. Você não precisa saber "como" o milagre se manifestará; tudo o que precisa fazer é acreditar e ser grato por isso agora.

Se você começar a pensar ou se preocupar com "como" isso vai acontecer, ou o que vai acontecer, estará "diluindo" a sua fé e fornecendo resistência ao evento que se manifesta em sua experiência. Os "comos" devem ser deixados para o Universo resolver, não você. O Universo conecta todas as circunstâncias que levam à realização do seu milagre, então fique fora do caminho e deixe o Universo fazer seu trabalho. A propósito, você vai adorar os resultados!

---

# CAPÍTULO 7

# "PEÇA E SERÁ DADO. O SEU PAPEL COMO CO-CRIADOR"

Há inúmeros livros (este é um deles), e recentemente um filme, sobre a Lei da Atração e o processo de criação. "Peça, acredite e receba" nos foi dito há mais de dois mil anos atrás por Jesus e registrado na Bíblia, no livro de Mateus 7: 7-8:

> "Peçam e lhes será dado; busquem, e encontrarão; batam e a porta lhes será aberta. Pois todo o que pede, recebe; o que busca, encontra; e àquele que bate, a porta será aberta."

Você talvez se pergunte o porquê, depois de todo este tempo, muitos ainda não entendem esta verdade? Minha crença pessoal é que, através de várias religiões, as pessoas tem ouvido falar de um Deus separado delas, de que elas não são dignas e o pior: que se não seguir os seus dogmas vão acabar passando o resto do seus dias em um lugar muito quente e não será a Flórida.

De fato nada poderia estar mais longe da verdade. Há um pedaço do Criador dentro de você. E você tem o poder de criar milagres em sua vida. Escrevi este livro para lhe transmitir esta mensagem e compartilhar as técnicas que tenho utilizado para criar milagres na minha vida.

Uma das coisas que penso que a maioria dos livros falham é não explicar o processo através do qual você precisa agir. É o que defino como o papel do "Co-Criador. Na sua função de "Co-Criador," há várias coisas a serem feitas, como as seguintes:

- Decida o que você quer, porque você quer e seja capaz de desejar isto.

- Acredite que você tem poder dentro de si para criar qualquer coisa!

- Sinta-se como já estivesse alcançado aquilo que você deseja".

- Seja grato e acredite que o que deseja já está a caminho.

- Evite aqueles que dizem que, por alguma razão, você não pode ter ser ou fazer aquilo que deseja.

- Aplique diariamente as técnicas que eu vou compartilhar até que consiga aquilo que deseja.

- Se precisar desenvolver algumas habilidades para alcançar os seus objetivos, adote medidas específicas neste sentido.

- Comprometa-se permanentemente e remova a procrastinação da sua vida.

- Fique fora dos "comos" e deixe que o Universo cuide disto. O Universo se reordena para tornar seus milagres uma realidade. Você não precisa saber "como".

- Seja persistente, pois ao longo da jornada haverá momentos que você duvidará que as coisas estão funcionando.

Se você cumprir seus deveres como "Co-Criador" terá tudo o que deseja. O Universo cuidará disto.

# CAPÍTULO 8

# DEFINA A VIDA DOS SEUS SONHOS

*Três perguntas não tão simples de responder:*
*Pergunte a si mesmo:*
*"O que eu seria se não houvesse nada que eu não pudesse ser?"*
*"O que eu faria se não houvesse nada que eu não pudesse fazer?"*
*"O que eu teria se não houvesse nada que eu não pudesse ter?"*
*Estas não são questões filosóficas. São perguntas muito importantes, profundas e muito pessoais.*

As respostas a estas perguntas lhe dirão o que realmente você deveria fazer com a sua vida.

Não é hora de pensar pequeno. Suas respostas devem ser tão "GRANDES" que se elas acontecerem você será completamente surpreendido, indo muito além das suas expectativas.

Quando você estiver trabalhando nelas, não deixe a sua mente dizer coisas como "Você não pode fazer isto" ou "Você nunca terá isto". O que sua mente está lhe dizendo é "lixo". Então, diga-lhe para ficar quieta!

## Os "Porquês"

Não se apresse em responder a essas perguntas e sinta-se à vontade para "exagerar" no seu pedido. Se você pode imaginar, você pode ter. Depois de definir seus principais objetivos de vida, escreva cada um em um papel separado. Abaixo de cada um, anote os motivos "pelos quais" esse objetivo é tão importante para você e, ao lado, de cada um desses motivos, anote o "sentimento" associado.

Seus sentimentos são a verdadeira razão pela qual você deseja alcançar esses objetivos. Isso é bom, porque se você se aprofundar o suficiente, descobrirá que a resposta em sua forma mais simples é o amor. Com o amor vem a paixão e essa é uma força de atração muito poderosa em nosso Universo.

## *"Cena ideal"*

Depois de concluir sua lista, dedique alguns minutos a pensar no futuro. Imagine que já se passaram cinco anos e que tudo na sua lista se tornou perfeitamente verdadeiro. Veja-se no "filme" que está sendo exibido na tela da sua mente como se todas essas coisas desejadas já fossem uma realidade.

Quando estiver pronto, pegue um caderno e escreva com detalhes precisos como é essa cena e como se sente em relação a ela. Absorva todos esses sentimentos impressionantes associados ao fato dessas coisas serem verdadeiras em sua experiência. É uma sensação muito boa, não é mesmo?!

Parabéns, você acabou de definir sua "cena ideal", também conhecida como seu "resultado final". Você agora não tem apenas um destino para sua jornada, mas já sabe como será a sensação quando chegar lá. Então, é hora de aprender as técnicas que trarão a "cena ideal" para a sua

realidade, juntamente com todos os bons sentimentos que a acompanham!

# CAPÍTULO 9

## DEFINIÇÃO DE METAS

Na jornada para viver a vida dos seus sonhos, a importância de ter objetivos não poderia deixar de ser enfatizada. Quando falo de objetivos, não estou me referindo às resoluções de Ano Novo, onde as pessoas decidem perder peso e vão à academia por duas semanas!

Gosto de pensar nos objetivos como sendo semelhantes aos marcadores de milhas no caminho para o seu destino. Nesse caso, esse destino é a cena ideal ou a vida dos seus sonhos. Uma das melhores coisas para definir e atingir seus objetivos é que ele o coloca como participante ativo na criação do que você diz que deseja. Se você quer ter a vida dos seus sonhos, precisará agir.

## Sonhos com prazos

Outra maneira de pensar nos objetivos é pensar neles como sonhos com prazos. Muitas pessoas têm medo de estabelecer metas, pois imediatamente começam a ter pensamentos como: "E se isso não acontecer", e "o quão ruim eu vou me sentir?" Se isso lhe parecer familiar, você precisará abandonar estes sentimentos. Outro erro que muitas pessoas cometem é estabelecerem uma meta, mas não definirem uma data para sua conquista. "Quando eu estiver pronto" não é um prazo; é uma tática de procrastinação para evitar as ações necessárias. Digamos que seu objetivo seja "um dia" concluir o curso superior que você iniciou, mas nunca concluiu por qualquer motivo.

A primeira coisa que você precisa fazer é abandonar esse absurdo de "um dia" e definir um prazo para atingir esse patamar. Você também precisará tomar medidas imediatas, como solicitar seus certificados, se matricular e comparecer as aulas. Assim que você fizer isso, estará se movendo na direção dos seus sonhos e alcançando seus objetivos ao longo do caminho.

## Ações, não palavras

Eu tenho um excelente exemplo disso, fruto da minha experiência pessoal e gostaria de compartilhar. Em dezembro de 1988, eu era um operário da construção civil e trabalhava em um local de escavação em Boston. O clima naquele dia em particular era ruim, chovia e nevava ao mesmo tempo. Eu tinha vinte e poucos anos e trabalhava com um outro operário que estava na casa dos cinquenta. Estávamos escavando cascalho com um equipamento de chuva amarelo, numa condição miserável. O cascalho estava molhado e pesado e desde a hora do café da manhã, minha região lombar já estava doendo. Após um pequeno intervalo, voltei à "pilha de pedras" para tentar sobreviver até o almoço.

Nunca esquecerei este dia enquanto eu viver. Estávamos nos revezando em limpar o cascalho quando, de repente, olhei horrorizado para meu colega e percebi que estava me vendo daqui a trinta anos! Aquilo me atingiu em cheio! - Que diabos estou fazendo?! Eu tenho que fazer algo sobre isso e tem de ser AGORA! O resto do dia, nos intervalos, trabalhei no meu plano de ação. Estava na hora de voltar para a escola.

Eu havia frequentado uma faculdade por pouco tempo, quatro anos atrás, mas desisti antes de concluir o semestre para fazer "muito dinheiro" na construção. No dia seguinte, decidi tirar folga para visitar a faculdade e ver se poderia reingressar. Eles disseram que não haveria nenhum problema, me deram uma ficha de inscrição e o catálogo de cursos da primavera.

Depois disso, liguei para um de meus amigos para obter o contato de um amigo dele que era gerente de turno numa usina de resíduos perigosos para ver se conseguia uma vaga noturna. Não poderia ter feito isso em melhor ocasião. Ele disse que estava procurando por duas pessoas e me contratou de imediato.

Naquela primavera, comecei a ter aulas em período parcial como calouro. Neste mesmo período, um dos meus amigos estava no primeiro semestre do terceiro ano e cooperando como estagiário numa corretora. Cinco anos depois, obtive meu diploma de bacharel e, dois anos depois, meu mestrado em ciências.

Depois de sete anos, aquele meu amigo ainda não tinha concluido o curso e conversava sobre ter aulas para terminar sua graduação, enquanto eu me formei duas vezes. A principal diferença foi que eu tomei uma ação imediata, em vez de ficar apenas conversando sobre isso. Quando você assume o compromisso e age, o Universo se move para para ajudá-lo a alcançar os seus objetivos.

### Palavras, não pensamentos

Seus objetivos precisam ser escritos e você deve revisá-los diariamente. Simplificando, se eles não estiverem escritos, você não os terá. Anotá-los obriga-o a definir claramente o que você está buscando. Para que sua mente subconsciente o ajude a alcançar esses objetivos, eles precisam ser claros. Ao anotá-los, você pode dar instruções claras à sua mente subconsciente.

Pessoalmente, sugiro ter um cartão que possa carregar o tempo todo para que os seus objetivos estejam sempre com você. O que achei útil e o que acrescentou "poder" aos meus objetivos foi que adicionei algumas orações curtas no lado oposto. Outra técnica que usei no passado foi reescrever meus objetivos todas as manhãs. Quando você faz isso, está reforçando seu compromisso com a conquista deles.

### Você pode acreditar neles?

Seus objetivos também precisam ser críveis para você. Não confunda isso com a ideia de saber como eles serão concretizados. Não é isso que estou dizendo. O que estou dizendo, no entanto, é que, se você criar um objetivo realmente grande, que está além do que você imagina que pode acontecer, será grande demais para você neste momento. O que acontecerá é que você não conseguirá sentir que isso se tornou realidade.

Ao definir metas e alcançá-las, você ganhará impulso e definirá metas cada vez maiores. Uma das maneiras pelas quais pode trabalhar para aumentar o tamanho de seus objetivos é trabalhar em sua fé. Se você realmente pode acreditar com a máxima certeza de que seus objetivos já foram alcançados, pode pedir qualquer coisa e nada poderá lhe impedir.

## *O porquê é mais importante do que "O que"?*

Ao criar seus objetivos, saiba por que deseja alcançá-los. As razões pelas quais deseja atingi-los precisam ser poderosas. Se elas não forem, você não poderá gerar um desejo ardente de alcançá-los, o que é necessário. Este desejo também é conhecido como paixão. Se você não tiver paixão pelo que quer, isso não acontecerá pois a sua energia não estará lá. Desejando ardentemente realizar um um sonho, você será capaz de gerar sentimentos de gratidão muito fortes por ter vivenciado o que deseja antes de realmente acontecer. Este é um passo crucial no processo de manifestação.

**No presente...**

Por fim, quando você escrever os seus objetivos, deve pô-los no tempo presente. O que quero dizer com isso é que você os escreve como se eles já tivessem se manifestado. Digamos que um dos seus objetivos seja terminar a faculdade. Você escreverá esse objetivo como "Sou graduada (o)", em vez de "vou terminar minha graduação". A diferença entre as duas afirmações pode parecer sutil, mas é enorme. O primeiro coloca o fato no presente como já realizado, enquanto o último coloca como uma possibilidade no futuro. Todos os seus objetivos precisam ser escritos no "agora" e como já sendo uma realidade. Assim, você poderá gerar a crença e o sentimento de gratidão por isso já ter se manifestado.

# CAPÍTULO 10

# LIVRO E QUADRO DA VISÃO

Se você leu os capítulos anteriores, tenho certeza de que estará interessado no que tenho a dizer sobre o livro da visão e os meus conselhos. Quando olho para o que coloquei em meu livro de visão e o que se manifestou em minha realidade, sinto que a minha experiência pessoal tem sido nada menos que milagrosa.

Caso essa seja a primeira vez que ouve sobre quadros e livros de visão, darei uma explicação rápida sobre como criar um. Depois, direi como usei para manifestar coisas em minha realidade física.

### Vamos Criar Um ...

A primeira coisa que você precisa fazer é criar a lista de objetivos pelos quais você tem paixão. Depois de fazer isso, o próximo passo é coletar imagens de como seria a realização desses objetivos.

Como exemplo, digamos que seu objetivo é levar sua família de férias para a Disney World. O que você pode fazer, então, é obter alguns folhetos de marketing da Disney, repletos de fotos de famílias se divertindo no parque, e recortar estas fotos. É preferível mais de uma foto, pois elas oferecerão mais "material" para você trabalhar. Depois, você pode prendê-las em um livro ou em um quadro ou em ambos.

Não se apresse fazendo isso e encontre as melhores fotos que puder. Lembre-se de que estamos falando da sua vida e imagens "mais ou menos" não serão suficientes. Portanto, certifique-se de encontrar fotos que gere em si a sensação de realmente ter o que representa a imagem.

A fé e a crença são uma parte crucial do processo de manifestação, por isso recomendo que encontre alguns versículos bíblicos com os quais se identifique e inclua também no seu material.

No meu livro de visão, tenho alguns versículos poderosos da Bíblia que digitei no meu computador e imprimi. Depois os inseri nas folhas transparentes e pus tudo em um fichário de três argolas. O que achei que funcionou melhor comigo foi alternar as páginas dos versos com as páginas das gravuras. Sinta-se livre para personalizar seu livro de acordo com o que funciona para você.

Dentro do seu livro, você também terá seus objetivos escritos no tempo presente. Uma maneira realmente boa de fazer isso é escrevê-los como afirmações como "eu sou ...". Vamos supor que você é solteiro e seu objetivo é estar em um relacionamento amoroso. Você pode escrever seu objetivo como: "Estou muito feliz por estar em um relacionamento amoroso".

O importante a enfatizar novamente é que a declaração deve lhe dar a capacidade de ter a "sensação" verdadeira. Abaixo dessa afirmação, você pode ter uma foto de um casal sorridente que parece estar se divertindo muito juntos.

Quando terminar, seu livro de visão deve parecer uma representação da vida dos seus sonhos! À medida em que as "figuras" do seu livro se tornarem sua realidade real, e creio que serão, mova essas páginas para a parte de trás do seu livro. Dessa forma, quando você os vir no futuro, reforçará completamente o fato de você ser um "Co-Criador" e ter o poder de manifestar coisas em sua realidade.

Agora que você criou seu livro de visão, é hora de usá-lo. O livro de visão é realmente uma ferramenta para você usar para criar a sensação de já ter a vida dos seus sonhos. Nesta fase, você já definiu o que deseja ter, sabe por que deseja e tem uma paixão ardente pela manifestação deste desejo em sua vida. Ter fotos do que deseja como se já fosse real é muito poderoso.

Não posso explicar exatamente como isso funciona; Tudo o que posso dizer é que, quando você combinar isso com a visualização, ficará impressionado com os resultados!

CAPÍTULO 11

---

# VISUALIZAÇÃO CRIATIVA E MANIFESTAÇÃO

Antes de entender o quão poderoso eu acredito que o processo de visualização seja para manifestação dos nossos sonhos, deixe-me explicar-lhe primeiro sobre o que estou falando. O processo de visualização se traduz em usar ativamente sua imaginação para criar um "filme" em sua mente sobre como seria a vida dos seus sonhos e como você realmente se sente dentro desta realidade. Se for feito de maneira eficaz, você será capaz de criar uma visualização que parecerá tão real quanto os sonhos que experimenta quando dorme.

Vou descrever as técnicas que pratico e, se você quiser saber mais, sugiro a leitura de um excelente livro intitulado *Visualização Criativa,* de Shakti Gawain. Com ele, aprendi a técnica "Pink Bubble" que discutirei mais adiante.

## O processo da visualização passo a passo

Uma das coisas que você deve fazer para ter visualizações realmente boas é acalmar sua mente através da meditação. Se você é iniciante em meditação, não se preocupe, não precisará pegar um avião para o Tibete para aprender. É muito mais simples do que você imagina, mas sugiro que leia mais sobre o assunto.

Para começar, você precisa relaxar, desligar os pensamentos "externos" e levar as ondas cerebrais a um estado conhecido como "alfa". Em alfa, você fica completamente relaxado, mas ainda acordado. Isto pode ser melhor descrito como o estado em que você se encontra logo antes de adormecer. Nesse nível, você está muito relaxado, mas ainda pode controlar seus pensamentos.

Uma das técnicas que eu uso para entrar em alfa é sentar em uma cadeira confortável, fechar os olhos, relaxar e depois contar até quinze, em ordem decrescente. Na verdade, visualizo os números e relaxo cada vez mais enquanto faço uma contagem regressiva. Finalmente, no número um, chego ao estado alfa e sinto que estou completamente relaxado.

Quando você estiver em alfa, poderá iniciar seu processo de visualização. Logo que comecei a praticar a visualização, eu entrava em alfa e imaginava um raio de luz branca passando através do meu corpo, vindo do céus em direção ao centro da Terra. Essa luz entrava e saía do meu corpo a cada respiração e depois de algumas respirações, eu sentia uma sensação de conexão com o Universo.

Quando estava nesse nível, começava meu processo de visualização, que durava entre cinco e dez minutos, e entrava na "vida dos meus sonhos" ou na "cena ideal" onde todos os meus objetivos já haviam se manifestado. Uma observação importante que gostaria de acrescentar aqui é que, na sua "cena ideal", você não visualiza o "como" isso aconteceu mas contempla e se delicia com o "resultado final".

É importante que ao visualizar você tenha a capacidade de gerar um sentimento de alegria e amor por ter o seu sonho realizado. Vivemos em um Universo de sentimentos e estes bons sentimentos irão atrair mais experiências semelhantes. No final, eles se tornarão a manifestação real, a cena final daquilo que você está visualizando agora.

Antes de concluir a sua meditação, imagine a "cena ideal" agora cercada por uma bolha rosa e sinta total alegria e gratidão ao Universo por ter concretizado o que vê. A próxima coisa a fazer é "ver" a bolha rosa flutuar cada vez mais alto, ficando cada vez menor à medida que sobe aos céus e eventualmente desaparece. Agora, lentamente, abra seus olhos e perceba que você fez a sua parte e o Universo trará o resultado que deseja. Saiba e sinta que isso é verdade sem sombra de dúvidas.

Na técnica da "bolha rosa" descrita acima, a cor rosa está associada ao "amor", que é a força mais poderosa do Universo. A "bolha" flutuando para o céu representa o "desapego" em relação ao resultado, pelo qual você não está preocupado, porque você sabe que é real.

**Meu sucesso pessoal**

Não consigo expressar em palavras o quão fervorosamente eu acredito no poder da visualização criativa. Acredito que, quando estamos praticando as técnicas, estamos realmente operando como "Co-Criadores" com o Universo e operando no campo de infinitas possibilidades onde tudo e qualquer coisa podem ser criados.

Haverá um atraso de tempo entre praticar seus exercícios de visualização e receber as "coisas" que você deseja manisfestar em sua vida. Se você pudesse operar no nível de vibração de Jesus Cristo ou de uma mente iluminada como Buda, o atraso seria muito menor. A coisa mais importante que precisa fazer é acreditar com fé que já existe e está a caminho de você. É apenas uma questão de tempo antes que se manifeste.

O melhor é que quando o resultado aparecer será de repente, de forma inesperada. É como se você não pudesse ver mas ao olhar para trás, em alguns momentos, conseguisse "conectar os pontos".

Um ótimo exemplo disso é quando surgem aparentes "desafios" em nossas vidas. Às vezes, eles fazem precisamente parte do plano do Universo e, na verdade, são necessários para "criar" as circunstâncias que tornarão os nossos sonhos realidade. Não percebemos isso porque não conseguimos "espiar por trás da cortina" para ver como tudo está realmente se orquestrando.

Não fique desapontado ao confundir "desafios" como algo além de tudo funcionando perfeitamente. Quando seus sonhos se manifestarem, e eles se manifestarão, você verá que tudo fazia parte de um plano mestre para alcançar aquilo queria você queria ser, fazer ou ter.

Agindo como um "Co-Criador" e usando a visualização criativa, tenho e continuo a manifestar milagres em minha vida. Se você praticar regularmente a visualização, os seus milagres também aparecerão. Não é maravilhoso?!

Preciso informá-lo de algo antes de encerrarmos este capítulo. Às vezes, por algum motivo, não conseguirá entrar na "zona imaginária" pois terá dificuldade em fazer as suas visualizações. Ocasionalmente, isso acontece comigo também.

Não se preocupe. Quando isso acontecer, trabalhe em uma das outras técnicas, como os roteiros, que discutiremos no próximo capítulo. Isso irá mantê-lo no caminho certo e focado na vida dos seus sonhos!

CAPÍTULO 12

# ROTEIRO

O roteiro, que às vezes é chamado de "registro diário", é uma excelente técnica que uso regularmente para obter a sensação de que meus sonhos já se manifestaram. É um exercício realmente fácil de fazer e é ótimo quando você está muito atarefado.

Há algo muito poderoso em escrever palavras no papel. É especialmente poderoso quando você as escreve, ao mesmo tempo em que sente gratidão. Fazer isso leva apenas alguns minutos e você pode gerar sentimentos incríveis por já ter conquistado o que deseja. É importante que você encontre um local silencioso para escrever sem distrações. A partir daí, pegue caneta e papel e comece a escrever sobre os milagres que você deseja que se materializem em sua vida e os sentimentos de alegria e gratidão associados a estes agora que se tornaram realidade. Quando estiver escrevendo deve ser capaz de gerar o mesmo nível de sentimentos como quando num bom dia de visualização.

O que normalmente faço é começar com uma declaração como "Estou tão feliz com _____" e depois começo a escrever e descrever como é "bom" ter _____ na minha realidade.

Às vezes, focava a prática do roteiro em um dos meus objetivos; outras vezes, escrevia por um longo período de tempo e descrevia toda a minha "cena ideal" e os sentimentos de alegria que tinha por sua manifestação em minha vida.

Não se preocupe com sua caligrafia ou ortografia ao fazer este exercício; o mais importante é que você possa entrar no fluxo e deixar que as palavras e os sentimentos fluírem. Nunca sinta como se estivesse forçando a situação e nunca pense ou escreva sobre "como" estas coisas estão vindo para você. Lembre-se, você está escrevendo no tempo presente e isso já aconteceu.

## Um breve exemplo

Digamos que um dos seus objetivos é ter um chalé nas montanhas. Aqui está como eu poderia escrever sobre isso ...

"Uau!! Eu não posso acreditar no quanto eu amo passar o tempo em nosso novo chalé no lago! Adoro meditar junto das águas cristalinas todas as manhãs. Me sinto tão em paz aqui. As crianças estão se divertindo tanto que mal consigo fazê-las sair da água para comer. O pôr do sol sobre o lago é absolutamente lindo e eu amo as noites frescas aqui. Senhor, não posso agradecer o suficiente pelo meu lindo chalé. Amo tanto estar aqui que não tenho vontade de ir embora. Obrigado! Obrigado! Obrigado!"

Se você fez esse exercício corretamente, ao terminar de escrever, realmente deve se deliciar com um sentimento de alegria e gratidão que vai sentir.

# CAPÍTULO 13

---

# AFIRMAÇÕES

Afirmações são declarações poderosas que você diz repetidamente em voz alta para si mesmo. A ideia por trás delas é colocar sua mente subconsciente para trabalhar trazendo essas afirmações à sua realidade. Elas são sempre escritas ou ditas no presente e são sempre positivas. Seu subconsciente não reconhece a palavra "não", portanto, não as use quando criar suas afirmações.

Digamos que um de seus objetivos seja perder 22 kg e voltar ao seu peso corporal ideal, de 58 kg. Em vez de criar uma afirmação que diz: "Eu não sou mais gordo", o melhor será dizer a seguinte afirmação: "Eu me sinto ótimo mantendo meu peso perfeito de 58 kg". Algumas pessoas tiveram ótimas experiências em dizer suas afirmações enquanto se olhavam no espelho.

Uma técnica que me chamou atenção foi a de acrescentar palavras específicas às minhas afirmações. No começo, acrescentava as palavras "De maneira fácil e descontraída, de maneira saudável e positiva, estou agora ... (depois fazia a minha afirmação)" e concluía: "Em seu próprio tempo perfeito, para o bem maior de todos os envolvidos. Isso ou algo melhor agora está se manifestando em meu nome. Eu tenho que creditar a Marc Allen essa técnica, que aprendi no seu livro *The Millionaire Course*.

**Exempo: Uma de minha afirmações**

*"De uma maneira fácil e relaxada, de uma forma saudável e positiva, eu estou agora construindo sucesso financeiro que está além dos meus sonhos. Em seu próprio tempo perfeito, para o bem maior de todos os envolvidos, isso ou algo melhor está se manifestando agora em meu nome."*

Essa foi uma das afirmações que criei durante o tempo em que estava trabalhando nos meus doze objetivos. Para concluir, acho que o melhor método para praticar afirmações é criar uma para cada um dos seus objetivos e depois repeti-las ao acordar e novamente antes de dormir. Em seguida, visualize e veja tudo verdadeiro em sua mente antes de adormecer.

---

# CAPÍTULO 14

# COMO SE...

Pense, fale e aja "como se" é uma técnica pela qual você entra na mentalidade e no sentimento de "ser", "ter" e "fazer". O que você está fazendo é criando um estado de espírito no qual você sente que já alcançou seus objetivos e cria previamente sentimentos antes do evento real. Você também combina isso com ação e coisas que fará quando a vida dos seus sonhos se manifestar, além de adquirir o conhecimento que necessita para estar pronto quando atingir os seus objetivos. Uma das coisas que pode precisar superar é o conceito de "fazer de conta" como algo que apenas as crianças fazem quando estão brincando. Vivemos em um mundo de "faz de conta". Nunca esqueça isto! Onde quer que esteja na vida agora, você é o resultado do que "acreditou" e "fez". Agora que você sabe, é hora de usar esse conhecimento a seu favor. Pense nisso como sendo semelhante às suas visualizações, mas fazendo de forma totalmente consciente. Para entender melhor esse conceito, deixe-me dar um exemplo da minha vida...

## "A Cor do Dinheiro"

Alguns anos depois que comprei o Lexus LS 400 branco, sobre o qual escrevi no início do livro, me vi querendo o modelo melhor, um Lexus LS 430. Rodei muitos quilômetros no LS 400 e adorava o carro, mas ele começou a se desgastar depois de cerca de 280 mil quilômetros rodados. Uma das coisas de que mais gostava no novo LS 430 era o fato de terem adicionado detalhes amadeirados no volante e no painel que revestia o interior.

Conhecendo o poder de ser um "Co-Criador", fui até o revendedor Lexus local e peguei um dos catálogos de venda com ótimas fotos do exterior e do interior do carro. Depois recortei a melhor foto do carro e coloquei no meu "livro de visão" e pus o folheto na bolsa que levava à praia todos os dias para praticar a minha de "hora de poder".

Depois de um tempo, eu realmente "sabia" como era o meu "novo" carro. Quando eu saía da praia e voltava para o LS 400, imaginava que estava abrindo o porta-malas do meu LS 430 e tinha a sensação de como era bom ter aquele carro bonito com um interior fantástico. Outra coisa que eu fazia era visualizar e "ver" em minha mente o interior com os detalhes em madeira do LS 430 enquanto dirigia o LS 400. Essa técnica funcionava melhor quando eu dirigia no início da manhã, antes do nascer do sol.

Outra coisa que eu fazia para me preparar para o LS 430 era pesquisar em vários sites da Internet para descobrir qual era o seu verdadeiro valor de mercado. Depois, buscava anúncios do LS 430 no eBay Motors, simulava compras e olhava todas as fotos e informações que os vendedores publicavam em seus anúncios. Com as pesquisas, tinha uma avaliação com base no ano, nas opções e na quilometragem.

Eu realmente gostava do meu LS 400, pois ele veio em minha direção e me "encontrou", então eu era fiel a ele. Uma manhã, entrei no carro para ir mostrar uma casa a um cliente e o carro não pegou. Estava completamente morto. Depois de insistir por dez minutos, e coberto de suor do verão sufocante da Flórida, finalmente consegui ligar o carro e fui para o meu compromisso.

Quando cheguei em casa, fui diretamente ao eBay Motors e encontrei um lindo LS 430 verde escuro nas proximidades por um excelente preço, e cliquei no botão "Comprar agora". Depois de alguns dias, resolvi dar um nome apropriado ao meu novo carro: "A cor do dinheiro"!

A sensação que tinha ao dirigir fisicamente o LS 430 era exatamente a mesma sensação que eu havia criado enquanto dirigia o LS 400. Pela manhã, quando saí da praia, estava "realmente" colocando minha cadeira de praia e bolsa no LS

430. Tudo o que eu podia fazer agora era sorrir e sentir gratidão, exatamente como eu me senti quando me preparava para esse dia praticando o "como se".

Seja o que for que você deseje, certifique-se de fazer sua "lição de casa" para se preparar. Em seguida, pratique o sentimento de "como se" por tê-lo agora e sinta uma verdadeira gratidão, pois é apenas uma questão de tempo até que o que deseja se manifeste em sua realidade.

## 15 Junte tudo

As técnicas que descrevi para você neste livro são exatamente as que usei com sucesso para manifestar milagres em minha vida. Se você deseja manifestar a vida dos seus sonhos, agora tem todas as ferramentas para fazer exatamente isso. Sinta-se à vontade para usá-las combinadas ou como técnicas independentes. O mais importante, o que faz essas técnicas funcionarem é sua fé e crença de que as coisas que deseja já estão "prontas" e a caminho.

Espero que os milagres que eu manifestei com sucesso usando essas técnicas o levem a acreditar no fato de que você é um "Co-Criador" e tem a capacidade de real
mente criar a vida dos seus sonhos. Espero que você compartilhe esse conhecimento com todos que ama, pois eles também merecem viver a vida de seus sonhos. Estamos todos aqui para ajudar uns ao outros. Imagine a alegria que você sentirá quando eles lhe disserem que você mudou totalmente suas vidas?!

Dei-lhe todo o conhecimento e ferramentas que precisa para ser, possuir ou ter o que quiser. Agora só depende de você agir. Boa sorte e que Deus lhe acompanhe na sua jornada!

Com votos de sucesso!

Pete

# SOBRE O AUTOR

Peter Adams é filantropo, professor e mestre da Lei da Atração e da Manifestação. Estudou com melhores professores de todos os tempos e combinou os seus ensinamentos com técnicas específicas que usou com sucesso para criar milagres em sua própria vida.

Desde 2004, é empresário em tempo integral em vários áreas do setor imobiliário e financeiro. Como autor e professor, ele agora sente que é hora de compartilhar suas técnicas e conhecimento com outras pessoas para melhorar significativamente a satisfação e a qualidade de suas vidas.

Peter serviu orgulhosamente seu país como pára-quedista em um destacamento de vigilância de longo alcance do exército dos Estados Unidos

(LRSD). Seus interesses incluem: leitura, golfe, tênis, esqui, caminhadas, caminhadas na neve e competição em eventos esportivos de resistência. Ele foi sete vezes finalista do Campeonato de Triathlon Ironman, que consiste em um prova de natação de 3.800 metros, uma corrida de ciclismo de 180 km e uma maratona de 42,2 km. Em outubro de 2005, como corredor número 813, competiu e orgulhosamente terminou o Campeonato Mundial Ironman, em Kailua-Kona, Havaí.

Peter Adams e sua esposa Robin estão casados há mais de 24 anos e passam tempo desfrutando de uma vida ativa e plena entre a Flórida, o Colorado e o Havaí.